はじまりはひとつのアイデアから

レゴ

4

ローウィ・バンディ・シコル＝著

C・S・ジェニングス＝絵

永瀬 比奈＝訳

すずき出版

はじまりは
ひとつの
アイデアから

4

レゴ

ビーキーとグランピーへ

レゴは「遊びを通して学ぶこと」が、
ビジネスの才能と出会った物語です。
この本を贈るのは、このふたり以外には考えられません。

いろいろありがとう。

もくじ

6

「子どもには最高のものを」

──オーレ・キアク・クリスチャンセン

レゴの成功の陰にあるビジネスストーリーに ついて考えたことある？

　レゴはこれまでずっと身近にあった気がする。実をいうと、レゴは3世代以上で楽しまれている。つまり、きみ、きみの両親、それにきみの祖父母も、みんなレゴですてきなものを作ったことがあるかもしれない。

　現在、レゴのものはすべて、レゴグループという会社によって製造されていて、何億人もの子どもや大人が、何十億ものレゴブロックで毎日遊んでいる。けれども、約100年前、レゴはひとつのアイデアにすぎなかった。4人の男の子たちを育てながら、お金をかせがなければならなかった、ひとりの大工のアイデアだ。彼は木のおもちゃを作ることからはじめ、やがておもちゃ業界を一変させた組み立て式のブロックを発表した。

　これはレゴの物語であり、子ども部屋の床に散らばっていた小さなプラスチックのブロックから、いかにして世界最大のおもちゃ会社を築き上げたかという物語だ。

1 オーレ・キアク・クリスチャンセン

デンマーク

オーレ・キアク・クリスチャンセンは、1891年4月7日に、デンマークのフィルスコウという小さな村に生まれた。当時、オーレの村にはたった300人ほどしか住んでおらず、そのほとんどが農民だった。

クリスチャンセン一家の生活は厳しかった。両親のイェンス・ニルスとキアスティーネは、13人の子ども

「人生は贈り物だ。
しかし、それ以上に挑戦だ」
——オーレ・キアク・クリスチャンセン

たちを育てなければならず、末っ子のオーレを育てるときには、食べ物や衣服、寝る場所、教育といった、必要なものをなんとか与えられる程度のお金しか、一家にはなかった。

オーレは7歳で、近くの農場に働きに行き、家族のために家計を助けた。働いていないときや、学校に行っていないときは、オーレは木でいろいろ作って遊んでいた。それは時とともにうまくなっていった。

オーレは14歳のとき、兄のクリスチャンについて大工の見習いとして働いた。1905年から1911年まで6年間修業をした。見習い期間が終わると、次の5年間で、

ト・ク・ダ・ネ！

2016年の世界幸福度調査（せかいこうふくどちょうさ）によると、デンマークは世界一幸せな国と考えられているよ。

兵役をつとめ、ハスレウ・テクニカル・スクールで学び、ドイツとノルウェーで大工として働いた。そのあいだにオーレは、キアスティーネという女性に出会い、恋に落ちた。

1916年、オーレとキアスティーネは、デンマークにもどり、結婚した。ビルンという小さな町に移ったが、そこにはいくつかの農場と、食料品店、酪農場、鍛冶屋、旅館、そして学校しかなかった。オーレはそこで、ビルン木工所と材木置き場を購入した。

オーレは熟練した大工で、自分の職人技に誇りを持っていた。数人の大工を雇い、いっしょになって、地元の人々のためにドアやたんす、棚など小さなものを作り、家、厩舎、搾乳場、教会など大きなものも建てた。

　ビルン木工所と材木置き場の裏に自宅があって、オーレとキアスティーネはそこで暮らした。ふたりには4人の息子がいた。ヨハネス（1917年生まれ）、カール（1919年生まれ）、ゴットゥフレド（1920年生まれ）、そしてゲアハート（1926年生まれ）だ。

　オーレは良き父親で、子どもたちを愛していた。教会と日曜学校にも関わり、ボーイスカウトやガールスカウトプログラムも手伝っていた。そして、地元の手工芸学

校で子どもたちに教えた。ひらめきや静けさがほしいときには、庭いじりと養蜂に時間を費やした。

最初の火事

　1924年のある日曜の午後、5歳のカールと4歳のゴットゥフレドが、オーレの作業場で遊んでいた。ホットメルト接着剤の機械に火をつけようとして、子どもたちはまちがって木のけずりくずに火をつけてしまった。小さな火は大きな炎となり、木工所と家をぜんぶのみこ

んで、灰にしてしまった。

　資産を失ったにもかかわらず、オーレはだれもけがし
なかったことにほっとした。彼は落ちついたままで、前
向きな姿勢をくずさず、この機会に作業場を建て直すこ
とにした。オーレは、イェスパー・イェスパーセンとい
う建築家を雇い、前のよりももっと大きくて広い、新し
い木工所と家を設計してもらった。

苦しいとき

　1930 年は、オーレにとって苦難のはじまりの年だった。そのころには、**世界大恐慌**がデンマークにも押しよせ、オーレの大工の仕事に深く影響した。農民も村人たちも、オーレの作ったものを買ったり、仕事を頼んだりすることができなくなった。オーレは、はしごや腰かけ、アイロン台といった、比較的安いものを作ることで何とかやっていこうとした。しかしこうした新しい商品を作っても、社員たちに給料を払えるほどかせぐことができず、彼らを順に**解雇**せざるをえなくなった。

世界大恐慌：世界の経済が崩壊した時期。何百万という人たちが失業し、多くの人たちが家や家財道具、全財産を失った。食べ物、衣類、寝る場所といった必要なものを得るために人々は苦労した。パン 1 斤の配給に何時間も並んだ。

解雇：会社が、**経費**（70 ページ参照）を削減したり、事業を縮小するなど、ビジネス上の理由により、雇っていた人を辞めさせること。

そのわずか2年後、悲劇が起こった。1932年、キアスティーネが突然亡くなった。オーレは、愛する妻の予期しない死に打ちひしがれたばかりでなく、6歳から15歳の4人の息子たちを自分ひとりで育てられるだろうかと心配した。

　オーレにとっては非常に厳しい時期で、彼は不安になった。ビルン木工所は、もうかっていなかった。オーレは家族を養うことも、息子たちにおなかいっぱい食べさせることもできなかった。お金を得るために何か別の方法を考える必要があった。

　ある日、オーレは、作業場から木の切れ端をいくらか持ってきて、子どもたちにおもちゃを作った。しっかり作られた、ハイクオリティー（高品質）なおもちゃで、子どもたちは喜んで遊んだ。オーレは思った。「もしも、

「『木工品かおもちゃか、どちらかを選ばなければならない』と自分にいい聞かせて、初めて物事がわかりはじめた」
──オーレ・キアク・クリスチャンセン

うちの息子たちが、木のおもちゃで遊ぶのが楽しくて、大恐慌のつらさを少しでも忘れられるなら、よその子どもたちも幸せにできるにちがいない」。そのとおりだった！

　オーレは、レーシングカー、消防車、動物、積み木など、木からさまざまな種類のおもちゃを作りはじめた。材料ならたくさんあった。彼は売れ残った木製のヨーヨーを、新作のトラックや、引っ張って遊ぶおもちゃの車輪に使った。父親を手伝おうと、当時12歳のゴットゥフレドが、作業場でオーレのアシスタントになった。ゴットゥフレドは、おもちゃにやすりをかけ、色を塗り、箱づめして、帳簿もつけた。

　ビルンにあるオーレの小さな木工所で、ハイクオリティーな手作りおもちゃが製造販売されているといううわさが広がり、**売り上げ**（70 ページ参照）は伸びはじめた。最も良く売れたのは、引っ張って遊ぶ木製のアヒルで、動きながらくちばしを開けたり閉じたりする。在庫がたくさんできると、オーレはそれらを車に積んで、国中を旅して家から家へと売り歩いた。人々がお金のかわりに食べ物でしか払えないこともよくあったが、それでも構わなかった。オーレは食べ物による支払いをいつでも受け入れ、４人の育ちざかりの息子たちを十分に食べさせられることに感謝した。

パチンとくっつけた名前

1934年までに、オーレはたくさんのおもちゃを売ったので、自分のおもちゃ会社に良い名前をつけようと思った。**ブランド名**（23ページ参照）だ。短い名前で、彼<ruby>彼<rt>かれ</rt></ruby>のおもちゃが持っている楽しさや、ハイクオリティーであること、そして遊ぶことのすべてを意味するような名前がいいと思った。オーレの話すデンマーク語で「ライ・ゴットゥ」とは、「よく遊べ」という意味だ。しばらく考えたあと、オーレは「ライ」と「ゴットゥ」をパチンとくっつけて、新しい言葉を作った。「レゴ」だ！

ビジネスの基本──ブランドを作り上げる
ブランド名って何だろう？

　ブランド名とは、会社や製品を表すのに選ばれた名前だ。ブランド名は、会社や製品がどのようなものかを表している必要があり、慎重に選ばなければならない。なぜなら、いったん決めてしまうと、なかなか変えられないからだ。はっきりとした意味があり、何らかの形で会社や製品に関係し、発音しやすい必要がある。ブランド名は以下の７つのカテゴリーから選ばれることが多い。

説明的──会社が何をしているか説明するもの（例えば、アメリカン航空、ケンタッキーフライドチキン）

連想的──経験やイメージを思い起こさせるもの（例えば、パンパース〈おむつ：だいじにする〉、スイッファー〈使い捨てシートつきモップ：スイスイと手軽にお掃除〉、ジョイ〈食器用洗剤：喜び〉）

複合的──ふたつ以上の言葉を組み合わせるもの（例えば、YouTube、ペイパル〈オンライン決済サービス〉、スポットヒーロー〈駐車場予約アプリ〉）

古典的──ギリシャ時代またはローマ時代のイメージに基づくもの（例えば、ナイキ、パンドラ〈インターネットラジオ〉）

無作為──会社とは関係のない実在する単語（例えば、アップ

ル、シェル〈ガソリン〉〉

創作——架空の単語（例えば、ダサニ〈飲料水〉、クリネックス）

人名——創業者の名前（例えば、アディダス、フォード〈車〉、ディズニー）

　他の言語でそのブランド名がどういう意味かチェックしておくのも大切なことだ。ある単語が、まったくちがう意味になるという例は数多くある。例えば、オンデマンドのテレビ会社Huluは、スワヒリ語で「止まってやめる」という意味だ。イランにはBarfという洗剤があって、イランで使われているペルシャ語では「雪」を意味する（でも英語では「吐く」という意味）。ポーランドにはFart Barというキャンディーバーがあって、ポーランド語では、「ラッキーバー」という意味だが、英語ではそんなにラッキーではない（英語では「おならバー」という意味）！

木製の動物、ヨット、トラクター、ボードゲームなど、さらにおもちゃの種類を増やしていくと、売り上げも伸びつづけた。増えた仕事を手伝ってもらうために、オーレのような大工の従業員を7人ほど雇った。来る日も来る日もオーレはいいつづけた。「どんなに細かいことも大切だ。レゴはハイクオリティーなおもちゃしか作らない」。彼のルールははっきりしていた。どのおもちゃも、最高級のカバノキから手作業で切り出し、ていねいにやすりをかけ、下地を塗り、色をつけ、三重にラッカーを塗って仕上げ、美しく包装してから、列車で発送した。

ト・ク・ダ・ネ！

レゴとはラテン語では、「組み立てる」という意味だよ。オーレはこの名前を会社につけたときに、そのことを知らなかったんだって。

学んだ教訓

　ある日、ゴットゥフレドは父親に、「レゴの製作費を<ruby>製作費<rt>せいさくひ</rt></ruby>をたくさん節約したよ」と伝えた。<ruby>息子<rt>むすこ</rt></ruby>を<ruby>誇<rt>ほこ</rt></ruby>らしく思ってながめると、オーレは「どうやって?」と聞いた。ゴットゥフレドは、おもちゃを仕上げて、いくつかの箱につめたのだけれど、三重にラッカーを<ruby>塗<rt>ぬ</rt></ruby>るところを、二重だけにして節約したのだと説明した。すると、オーレは喜ぶどころか、<ruby>激<rt>はげ</rt></ruby>しく<ruby>怒<rt>おこ</rt></ruby>った!　ゴットゥフレドに、駅まで行って二重にしかラッカーを<ruby>塗<rt>ぬ</rt></ruby>っていないおもちゃの箱をぜんぶ取りもどしてくるように<ruby>指示<rt>しじ</rt></ruby>した。そして、おもちゃひとつひとつに三重目のラッカーをていねいに<ruby>塗<rt>ぬ</rt></ruby>り<ruby>終<rt>お</rt></ruby>えるまで、ゴットゥフレドに<ruby>一晩中<rt>ひとばんじゅう</rt></ruby>作業させてから、<ruby>寝<rt>ね</rt></ruby>ていいといった。

　オーレのモットーは、<ruby>"Det bedste er ikke for godt"<rt>デ ベ ス テ エア イッケ フォー ゴットゥ</rt></ruby>、つまり「子どもには最高のものを」。このモットーは、

品質管理を徹底するためのオーレのやり方だった。この
ことがあってから、ゴットゥフレドは、父親のモットー
を木の札に書いて、作業場にかけるようになった。すべ
ての従業員がこの言葉を目にして、二度と手を抜くこと
のないように。

品質管理：会社がその製品の製造を見直し、許容範囲の品質を保つためのプ
ロセス。レゴのようないくつかの会社は、非常に高いレベルの品質管理を
行っていて、欠陥のある製品はすべて廃棄される。

子どもには
最高のものを

3 ひとつずつ積み上げて

　時は経ったが、引きつづき、オーレがレゴを経営し、ゴットゥフレドはそれを手伝っていた。1939年、ヨーロッパは第二次世界大戦に突入した。しかし、困難な時期だったにもかかわらず、レゴの売り上げは伸びていた。親たちはレゴの木のおもちゃを買いつづけてくれた。ささやかながらも、子どもたちを喜ばせることができたからだ。それはレゴにとってもうれしいことだった。事実、戦争がはじまって最初の2年間は、売り上げが2倍に伸びた。

「わたしは希望を持って未来を見つめる」
──オーレ・キアク・クリスチャンセン

29

レゴの売り上げ
1939 年

設計図

設計図
アヒル

塗料

２度目の火事

　そして、1942年に再び災難がおそった。風が強い３月の寒い夜のこと、木工所の電線がショートして、また火事が起こったのだ。消防車が到着する前に、建物全体が焼け落ちた。となりの自宅は無事だったものの、レゴの**在庫品**をはじめ、オーレとゴットゥフレドが作ったおもちゃの図面と模型など、作業場にある何もかもが燃えてしまった。

> **在庫品**：材料、部品、作りかけのもの、完成品を含む、会社に保管されているすべてのものをいう。

もう一度建て直す

　オーレは途方に暮れ、すべてあきらめてしまおうかと考えた。けれども、自分を頼りにしている家族や 40 人の社員のことを考えた。それだけで、気持ちをふるい立たせるには十分だった。オーレは屈することなく立ち上がった。建設された 3 つ目の工場は、また前のよりもさらに広く大きかった。

ト・ク・ダ・ネ！

2番目の火災で焼け残った自宅は、今もデンマークのビルンにあるんだって。全新入社員は、この建物と、オーレの自宅の玄関で見張りをしている有名な2頭の石のライオン像を見学するんだよ。

プラスチックの型

第二次世界大戦は1945年に終わり、オーレとゴットゥフレドは、おもちゃビジネスを拡大する新たな道を見つけることにした。レゴの主な顧客である、母親たちから**顧客フィードバック**を聞くことにしたのだ。すると母親たちは文句をいった。「レゴの木製のおもちゃは洗いにくいし、ほこりやばい菌がつく」と。すばらしいアイデアというのは、問題を解決する中で生まれることが

顧客フィードバック：事業、製品、またはサービスについて集めるお客様の声。お客様の声が大切なのは、会社がどうすればその商品をより良くできるかを教えてくれるからだ。

多いので、オーレもこの問題を解決しよう
とした。木よりももっと衛生的な材
料でおもちゃを作る方法を見つけ
たいと思った。

　1946年のある日、オーレはデ
ンマークの首都コペンハーゲンのおもちゃの見本市を訪
れた。そこで彼は、プラスチックを形作るために使われ
る射出成形機に出会う。機械はとても高価で、3万ク
ローネした。それは、レゴが過去2年間に得た利益を合
わせた額と同じだった。高額ではあったが、オーレは良
い投資になると思った。木のようにばい菌がつかず、簡

利益：すべての経費を支払ったあとに、会社または個人が得るお金。
売り上げ－経費＝利益。
投資：将来の利益につながると思う何かに、お金を投じること。

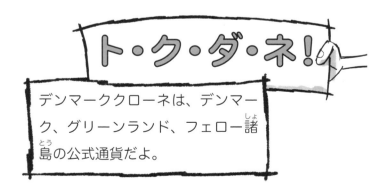

ト・ク・ダ・ネ！

デンマーククローネは、デンマー
ク、グリーンランド、フェロー諸
島の公式通貨だよ。

単に洗えるプラスチックでおもちゃを作れる
ようになるからだ。これこそ求めていた問題
解決法だった。

　オーレが射出成形機を買ったとき、同じよ
うな機械で作ったプラスチックの「自動ロッ
ク組み立てブロック」のサンプルをもらった。

これは児童心理学者、ヒラリー・フィッシャー・ペイジ
が発明したブロックで、「キディクラフト」という会社
が販売していた。このときもらった自動ロック組み立て
ブロックは、今のレゴブロックととてもよく似ている。
ただいくつかちがいがあった。最もはっきりわかるちが
いは、内部だ。キディクラフトのブロックは中が空洞に
なっている。

ト・ク・ダ・ネ!

レゴの複数形はレゴ（LEGO）だ。100個
のレゴブロックを持っていても、2個だけ
持っていても、レゴス（LEGOS）とはなら
ず、レゴと発音するよ。レゴグループによれ
ば、レゴスというものはないんだって。

4 気のきいたアイデア

　新しい射出成形機が届くとすぐに、レゴは小さなプラスチックの動物やガラガラを作りはじめた。けれどもオーレは、前にもらったプラスチックのブロックのサンプルに魅力を感じていた。そして、これに似た製品を作ろうと決めた。オーレとゴットゥフレドはいっしょに、キディクラフトのブロックをデザインし直した。スタッド（ポッチ）の上部を平らにし、側面の切りこみをなくし、大きさを 0.1 ミリだけ変えた。オーレはこの新しいおもちゃを、「自動結合ブロック」と呼んだ。

「わたしたちのアイデアは、子どもに
人生の準備をさせるおもちゃを作ること
だった」
　　　　──ゴットゥフレド・クリスチャンセン

自動結合ブロック
最終セール

　レゴは、1949 年に自動結合ブロックを発売。プラスチックの一種であるセルロースアセテートで作られ、赤、黄、緑などの明るい色が使われた。しかし、自動結合ブロックはあまり売れなかったので、オーレはがっかりした。夏になると、小売店は売れ残ったほとんどのセットを返品し、会社は在庫であふれるようになった。

　これにはゴットゥフレドもいら立った。自動結合ブロックは良い製品で、クリスマスシーズンだけでなく、年間を通して売れると思っていたからである。しかも、

ゴットゥフレドと妻のエディスには、家に３人の小さな子どもたちがいたので（1946 年生まれのグンヒル、1947 年生まれのケル、1949 年生まれのハネ）、レゴが財政難におちいる危険をおかすことはできなかった。そこで、ゴットゥフレドは売れ残ったレゴのセットを車に積んで、家を一軒一軒訪ねながら、国中を売り歩いた。幸いにもオーレの 60 歳の誕生日にちょうど間に合うように、在庫のほとんどを売ってもどってくることができた。オーレ、ゴットゥフレド、ゴットゥフレドの次男のケル（ケルの名前はあとで出てくるので覚えておいて！）は、いっしょに写真を撮った。

新しいリーダー

オーレは60歳の誕生日のあと、まもなくして心臓発作を起こした。オーレの健康状態が悪化するにつれ、ゴットゥフレドはより強力なリーダーシップを発揮し、レゴの常務取締役になった。オーレの他の3人の息子たち、ヨハネス、カール、ゲアハートも会社に加わり、それぞれ部門責任者になった。

4人のクリスチャンセン兄弟は、レゴの名前に**ブランド・エクイティ**があると理解していたので、自動結合ブロックの名前を改めて、わかりやすくレゴブロックと呼ぶことにした。彼らはまた、レゴの名前をブロックのス

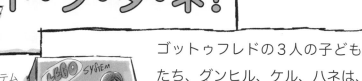

ト・ク・ダ・ネ！

レゴ　システム

ゴットゥフレドの3人の子どもたち、グンヒル、ケル、ハネは、1950年代を通して、レゴの箱によく登場したよ。

> **ブランド・エクイティ**：特定の名前がついた商品を、消費者が認識することで得られる価値のこと。ブランド・エクイティが高い商品には、忠実な消費者がついている。会社は、製品やサービスを、覚えやすく、見分けがつきやすく、品質の優れた、信頼できるものにすることで、ブランド・エクイティを作り出す。

タッドのひとつひとつに入れた。こうした変更で少しは売り上げが伸びたものの、レゴブロックの売り上げはまだ 1950 年代前半を通して、総売り上げの５パーセントほどしか占めていなかった。

システムを作り出す

1954 年、ゴットゥフレドは、イギリスで開催された「ロンドンおもちゃフェア」に出席するためにフェリーで北海を渡った。そこで彼は、コペンハーゲン最大のデパート、「マガシン・デュ・ノア」で働くおもちゃのバイヤーに出会う。彼は、世界のおもちゃには問題があると主張していた。彼がいうには、おもちゃには「システム」、いいかえれば「ともに機能する仕組み」が必要だ

というのだ。ゴットゥフレドは、このアイデアに興味を
持った。彼は、どうしたらレゴがおもちゃの「システ
ム」を作り出すことができるのか、じっくり考えた。

　デンマークにもどったときには、ひとつのアイデアが
浮かんでいた。ゴットゥフレドは、レゴブロックが、お
もちゃの新しいシステムの土台になると確信したのであ
る。ヨーヨーや、人形や、木製の自動車などのあらかじ

システム！

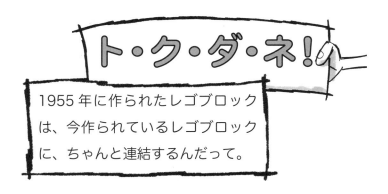

ト・ク・ダ・ネ！

1955年に作られたレゴブロックは、今作られているレゴブロックに、ちゃんと連結するんだって。

め作られたおもちゃを製造（せいぞう）するのではなく、子どもたちがレゴブロックを使って、自分たちのおもちゃを作れるようにしたい。このアイデアの「システム」の部分は、今後、ひとつひとつのレゴブロックが、どんな形や大きさであろうと、いつどこで製造（せいぞう）されようとも、いつもたがいに連結するという意味だ。「システム」はまた、特定のデザインを組み立てるときには説明書をつけるが、子どもたちにブロックを使って何でも好きなものを作れる自由を与（あた）えることも意味する。子どもがブロックをたくさん持っていればいるほど、作れるものの可能性（かのうせい）も広がる。このアイデアは画期的だった！

2005 年に、デンマークの数学者、セーレン・アイラースが計算したよ。6 つのレゴブロックは、9 億1,510万3,765とおりの組み立て方があるんだって！

最初のブロックを置く

　1955 年には、レゴ・システム・イン・プレイ（遊びのシステム）を売り出した。ひとつの箱にはいろいろなレゴブロックと「タウンプラン（街作りの計画）」が入っている。子どもたちはタウンプランに従（したが）ってもいいし、自分たちの想像（そうぞう）で何か作ってもいい。

　レゴ・システム・イン・プレイは、デンマークとドイツで大ヒットした。しかし良いニュースばかりではなかった。ゴットゥフレドは、別の問題に悩（なや）んでいた。子どもたちは、レゴブロックで楽しく遊んでいたが、うまく連結しないと文句（もんく）をいっていた。ブロックの中が空洞（くうどう）

だったことを思い出してほしい。それによって簡単に積
み重ねられはするが、その積み重ねはもろく、すぐにバ
ラバラになってしまう。作品は完成するまでにくずれた
り、たとえ完成しても、それを移動させる途中にくずれ

たりして、ただのカラフルなブロックの山になってしまった。

つかみはOK（オーケー）

　ゴットゥフレドはこの顧客（こきゃく）フィードバックを聞き、ブロックがしっかりと連結する方法を見つけなければと思った。何度も失敗を重ねた後、ひとつのアイデアが浮（う）かんだ。ゴットゥフレドは、上部のスタッドがはまるように、ブロックの内部に一連のチューブ（円筒形（えんとうけい））を作ったのだ。空洞（くうどう）の中のチューブとまわりの壁（かべ）とのあいだのスペースは、スタッドそのものよりも少し小さいので、ブロックはしっかりと連結する。それだけでなく、ブロックをつなげるときには、気持ちの良い「パチン！」という音がした。1958年1月28日、ゴットゥフレドは、スタッドとチューブのデザインについてデンマークで特許（とっきょ）を出願した。その後、彼（かれ）はこのデザインについて他の32か国での特許（とっきょ）も取得した。各特許権（かくとっきょけん）は20年間有効（ゆうこう）なので、だれも、どの会社も、20年間は彼（かれ）のデザインをコピー

したり、スタッドとチューブのデザインのレゴブロックに似た何かを作ったりできなかった。

　ゴットゥフレドがいうところの「つかみの力（クラッチ・パワー）」のおかげで、子どもたちはレゴブロックを連結できるようになり、作ったものがバラバラにならないことがわかった。それに、子どもたちはもうタワー

や直線的なビルを建てることにとらわれてはいなかった。つかみの力によって、下から上へ、上から下へ、横へ、うしろへ、または部分ごとに分けてなど、これまでになかった方法で、組み立てることができるようになったのだ。つかみの力の発明は、レゴの成功の歴史の中でも大きなターニングポイントとなった。

ト・ク・ダ・ネ！

1981年、レゴグループは、オリジナルのプラスチックブロックを発明した会社から、キディクラフトブロックの権利（けんり）を買ったんだって。

5 プラスチックの ブロック道をたどって

　1957年、レゴは25周年を迎えた。会社にとっても幸せな時期で、オーレは健康が優れないにもかかわらず、式典に出席した。同じ年、ゴットゥフレドはレゴの専務取締役に昇進する。

　そして、1958年3月11日、オーレは心臓発作のため、66歳でこの世を去ってしまった。オーレは、レゴがどのようにおもちゃの世界を一変させたかを見ることはなかった。彼はまた、レゴがどれほど世界中の子どもたちの生活をより良いものにし、未来の建築家、エンジ

「どんどん、どんどん、組み立てて、組み立てて。レゴに飽きることは決してない」
——初期のレゴの広告キャンペーン

ニア、それから発明家に影響を与えたかを見ることもなかった。しかし、オーレは、勤勉さ、粘り強さ、創意工夫などの彼の教えが、会社の理念に残ることを、きっとわかっていただろう。

３度目の火事

　オーレの死後、ゴットゥフレドがレゴの新しい社長となった。それから２年、会社は順調だった。しかし、1960年２月４日、木製のおもちゃを作っていた工場に雷が落ちた。大規模な火災が消し止められるまでに、ほとんどのものが燃えてしまった。
　翌日、ゴットゥフレドは難しい決断をした。木製のおもちゃの在庫品がすべて燃えてしまい、工場も修復不可能なほど焼け落ちた今、レゴはもう木製のおもちゃを作らないと決めたのだ。ゴットゥフレドは、小さなプラスチックのブロックにレゴの未来があると信じた。

レゴ、新しいタイヤを考案

　ゴットゥフレドは、エンジニアと優れたアイデアを

持ったスタッフの小さなグループ、レゴ・フーツラといいう**研究開発**チームを作った。彼らの仕事は、新しいレゴのアイデアを考え出し、テストし、発表することだ。

研究開発：R＆Dと呼ばれることも多く、どんな会社でも重要な部門だ。R＆Dは、イノベーション、導入、新製品の改善に向けた仕事を指す。R＆Dチームは、新しいアイデアを考え出し、顧客といっしょにテストし、次の製品を発表するための提案をする。

　ちょうつがいブロック、なめらかなタイル片、アーチ、フェンスなど、レゴ・フーツラから多くの新しいアイデアが生まれた。けれども、その10年で生まれた最も重要な発明は、おそらく1962年のレゴタイヤだろう。ゴムのタイヤが作られる前、子どもたちは四角いブロックをタイヤに使っていたため、転がらなかった。ゴムのタイヤを使えば、車も、飛行機も、電車のセットも、本物みたいに地面にそって動かすことができる。レゴのゴムのタイヤはすぐにヒットし、まもなくすべての乗り物のセットに加えられた。

　レゴ・フーツラはまた、「デュプロ」のアイデアも生み出した。小さな手の小さな子どもたちのためにデザインされた大きなブロックである。従来のレゴブロックの

ちょうど2倍の大きさなので、デュプロブロックはレゴのシステムでも使うことができる。デュプロは、小学校に上がる前の子どもたちにとって、理想的なおもちゃとなった。

　会社がデンマークを越えて世界に広がると、レゴ・フーツラは、文字のない説明書を作った。絵と数字だけが書かれている説明書は、話している言語にかかわらず、

どんな年齢の子どもたちにもわかりやすい。さらに、文字のない説明書は、数えたり、測ったりという算数のスキルに重点を置いており、親と教師を喜

2016年に、レゴは7億3,000万個以上のレゴタイヤを作ったんだ。世界一のタイヤ製造業者なんだよ。

ばせた。

　レゴ・フーツラの新しいアイデアは、オーレのハイクオリティーへのこだわりと、ゴットゥフレドの「遊びのシステム」を、さらに拡張できると証明した。これらの新製品は、対象とする子どもの年齢層を広げ、人種、性別、宗教、国籍に関係なく、より楽しくレゴで遊べるようにした。

レゴ、離陸

　レゴは、デンマーク国外へも広がりつづけた。そして、ゴットゥフレドはさらなる課題に直面する。世界中により速く製品を届ける方法を考えなければならなかった。

　1961 年、ゴットゥフレドは小型飛行機と、ビルンの工場近くに土地を購入した。でも問題がひとつあった。その土地は本物の空港とはちがい、ライトがなく、電力も来ていなかった。ということは、暗くなれば、パイロットはどこに着陸していいかわからないということだ！　ゴットゥフレドはこの問題について考え、ひとつのアイデアに行きついた。飛行機が暗い中で着陸する予定がある場合は、従業員たちに、自分の車をその土地に運転していって滑走路をヘッドライトで照らすよう、頼んだのだ。

　これはもちろん、一時的な解決策だった。ほどなくしてレゴは、米国、カナダ、日本、中国、オーストラリア、中南米、中東でも販売されるようになる。ゴットゥフレドは本物の空港を建設する必要性に迫られ、1964 年にビルン空港を正式に開港した。レゴセットは、他の国々に速く、簡単に空輸できるようになった。

ビルン空港は、現在、デンマークで2番目に大きい
国際空港で、毎年300万人以上の乗降客が利用し
ているよ。

レゴランド

　1966 年までに、レゴは 42 の国々で販売され、世界
はすぐにレゴのとりこになった。毎年、2 万人以上の観
光客がデンマークのビルンを訪れ、レゴの工場を見学し
たがった。ゴットゥフレドはこういった対応に時間を取
られることが多くなり、近くにレゴの模型を置いた 3
エーカー（約 1 万 2,000 平方メートル）ばかりの小さ
な公園を作れば、観光客も満足するだろうと考えた。そ
して、そこを「レゴランド」と呼ぶことにした。

　1968 年 6 月 7 日、レゴランドがオープンした。しか

レゴランド

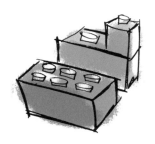

し、ゴットゥフレドのユニークなレゴの公園のアイデアは、もとの計画よりもずっと大きく、壮大（そうだい）なものになった。14エーカー（約5万6,600平方メートル）の土地に建設（けんせつ）され、有名な都市の何百という建物や模型（もけい）が並（なら）び、そのすべてが約600万個（こ）のレゴブロックで作られていた。さらに、レゴをテーマとした乗り物や、パークをぐるりと回るレゴトレインもあった。初日には3,000人、初年度には62万5,000人の来園者があったレゴランドは、人々の期待をはるかに超（こ）えるものだった。

組み立て中

6 レゴの黄金期

　ゴットゥフレドが指揮をとり、レゴの売り上げは、1970年代を通して伸びつづけた。そのころから、ゴットゥフレドはしだいにリーダーとしての役割を、彼の息子であり、オーレの孫である、ケル・キアク・クリスチャンセンにゆずりはじめた。

　1979年、ケルはレゴグループのCEO兼社長に任命された。ケルのリーダーシップのもと、会社は「レ

「子どもたちはわたしたちのお手本だ」
　　　　　——レゴのスローガン

ゴの黄金期」に入る。収益は、1978年の約10億ク
ローネから、1993年には約70億クローネにふくらん

だ。その時期レゴは、
オーレとゴットゥフレ
ドが定めた創立の3つ
の原則にのっとってす

> 収益：「セールス」ともいう。製品や
> サービスを売って得るすべてのお金のこ
> と。

べてを行っていた。ひとつ、レゴはおもちゃではなく、
「遊びのシステム」である。いつどこで製造されようと
も、すべてのレゴブロックは連結することができる。ふ
たつ、すべての新しいレゴセットは、遊びに焦点を置か
なければならない。つまり、子どもたちが創造的になり、
想像力を働かせるチャンスがあるということだ。3つ、
レゴはそのハイクオリティーな基準をすべてのおもちゃ
で強化する。オーレの有名な言葉、「子どもには最高の
ものを」にあるように。

ブロックを超えて広がる

　レゴの黄金期は、エキサイティングな時期だった。興
味や能力が異なるすべての年齢層の子どもたちに、新し
いアイデアが次々に紹介された。例えば、レゴは、「シ

ステムの中のシステム」を作り、街、城、宇宙という3
つのテーマを発表し、それらはすぐにヒットした。子ど
もたちが特定のテーマを中心に作品を組み立て、さらに
ブロックを再利用して自分の想像力から何かを作れるよ
うにしたのだ。もっと難しい作品にチャレンジしたい高
学年の子どもたちには、レゴ テクニックのセットを発
売した。そのセットには、ギア、車軸、ピンなども含ま
れていた。そして、1970年代の最も偉大な発明といえ
ば、ミニフィギュアだろう。

ミニフィギュアが
世界を征服

　1974年、レゴは「レゴファミリー」を作り、お父さん、お母さん、おばあちゃん、子どもたちを発売した。ひとつ問題だったのは、これらのプラスチックの人々の背が高すぎて、子どもたちがセットで建てた家や店を見下ろしてしまうことだった。

　1975年、レゴは、家につり合う、ちょうどいい大きさの初のフィギュアを発売。けれども、これらの人々には目も口もなく、手も足も動かなかった。下半身はただのプラスチックのかたまりだった。

　ケルは、レゴのセットにフィギュアを入れるという考えが気に入った。デザインを改良すれば、遊びの質を高め、レゴのフィギュアを集める人も出てくるだろうと考えた。

　50ものさまざまな**試作品**を作った後、レゴは新しく

試作品：製品ができ上がる前の模型。デザイナーやエンジニアが、何がうまくいって、何がうまくいかないかを物理的に見ることができる。グーグルなどのいくつかの会社では、試作品を顧客に使ってもらい、顧客フィードバックを製品の改良に役立てている。

改良されたフィギュアを「ミニフィギュア」として
1978年に発表した。このミニフィギュアの第1号は、
ふたつの点で目を表した、にっこり笑顔の警察官だった。
制服は、シンプルな黒の上下と白い帽子。その後まもな
く女性のミニフィギュアも登場した。黒髪の看護師で、
顔は警察官とまったく同じだった。実際、すべてのミニ
フィギュアは、11年間も同じ点々の目と笑顔（鼻はな
し！）だったのである。

2007年、レゴグループは、特別に金クロムメッキをほどこしたC-3POのミニフィギュアを1万体作って、スター・ウォーズのセットに無作為に入れたんだって。きみの家にもない？

　ちょうどいい大きさになったミニフィギュアは、頭からつま先まできっちり4センチメートル（またはブロック4つ分）の身長になった（帽子、ヘアスタイル、より小さい「子どもの足」によって背の高さは変わる）。ミニフィギュアはそれぞれ、頭、胴体、腰、足、腕、手の6つの主な部分で構成され、各部分は、独自の方法で動くように設計されていた。これらの変更により、ミニフィギュアは、レゴシステムの正式な仲間となった。

ミニフィギュア、本物に近づく

　1989年、レゴの海賊シリーズが発売され、より本物らしい表情のミニフィギュアが初めて登場した。例えば

海賊のミニフィギュアには手のかわりにフック、足のかわりに義足といった特別な付属品が初めてついた。

レゴの付属品は、しだいに追加されていった。さまざまなタイプの帽子やヘアスタイルから、持ち物まで、たくさんの種類が作られた。

そして、多くのセットには「いい人」と「悪い人」が入っているが、現代の銃や武器を見つけることは決してない。それらはレゴの健全な遊びの原則に反するからだ。そのかわり、レゴはミニフィギュアたちに、中世の剣や開拓時代の旧式の銃、またはスター・ウォーズのライトセイバーのような未来の武器など、子どもたちの創造性を刺激するものを持たせた。

肌の色にも変化があった。オリジナルのミニフィギュアは、地球上のすべての人々を等しく表すために選ばれた黄色で作られ、あるひとつの人種を表すように意図されることはなかった。やがて、ミニフィギュアが、プロのアスリートなどの実在の人物、またはハ

リー・ポッターやヨーダのような映画のキャラクターを表す場合にのみ、肌の色が変更されるようになった。

　ミニフィギュアは大成功だった。考案されてから、何十億ものミニフィギュアが生産されてきた。2003年にミニフィギュアが25周年を迎えたとき、これまでに37億体も生産されてきたと発表された。ミニフィギュアの生産総数は、まもなく80億体に達するという見積もりもある。世界中の人口より多い数だ！

7 レゴの崩壊

　はじめの 60 年で、レゴグループはデンマークの小さな工房から、国際的な 10 億ドル規模のビジネスと数千人もの従業員を抱える、世界最大のおもちゃメーカーのひとつに成長した。1989 年、レゴセットは、120 か国以上で販売され、毎年数千万人の子どもたちがレゴブロックで遊んでいた。しかし、問題がつづけざまに起こり、創業以来初めて、レゴグループは苦闘しはじめた。

「痛っ！」
　　――はだしでレゴブロックをふんだ人
　　　　みんな

何がまちがったのか

　レゴの基本的な特許は 1988 年に失効した。つまり、他の会社もレゴブロックと似たような製品を作ることができるようになったということだ。すぐに、「メガ・ブロック」、「Best-Lock」、「タイコ・トイズ」といった会社が、独自の結合式ブロックセットで、市場に参入してきた。

　新しく安価な競合品が出回りはじめたことで、レゴは混乱し、会社は焦点を見失いはじめた。最も得意とすることに専念するのではなく、レゴは 1990 年代の最新トレンドであるビデオゲームやコンピュータゲームを追いかけはじめた。レゴ・ビデオゲーム、コンピュータ制御ロボット、組み立てる必要のないでき上がったおもちゃなどを発売。新しいレゴランドのテーマパークを、イギリス、米国のカリフォルニア、ドイツにオープンし、衣料品やレゴウォッチまで発売した。「遊びのシステム」に忠実でありつづけるかわりに、本来の姿とはちがうものになろうとして、道に迷ってしまった。

　レゴグループの役員たちも、いくつか大胆な改革を行った。1970 年代と 1980 年代の成長を支えた重要な

デザイナーたちの多くをクビにし、有名大学から若いデ
ザイナーを雇った。けれども、新しいデザイナーたちは、
レゴの歴史を知らなかったし、何がレゴをそれほど特別
なものにしているのか、理解していなかった。それに、
彼らは新しいレゴセットを開発する際、製造費を考えに
入れていなかった。まもなく、何千という精巧で複雑な

ピースが発明されたが、その多くは製造するのにとても費用がかかった。中には、ひとつのセットの中の特別なピースを作るのに、そのセット全体の売値よりも費用がかかることもあった！　あたりまえのことだが、製造費が販売価格を超えてしまったら、会社は利益を得られない。レゴグループは損失を出しはじめた。とんでもない金額の。

　そして、悲しいことに、1995年7月13日に、ゴットゥフレドが75歳で亡くなった。

ゴットゥフレド・キアク・クリスチャンセン

　1998 年、レゴは、1 億 9,400 万クローネの損失を計上し、1932 年の創業以来、初の赤字を出した。つまり、レゴはその年、売り上げよりも 1 億 9,400 万クローネ多く製造費などがかかっていたということだ。

そして、売り上げは落ちつづけた。2003 年、レゴの売り上げは、前年よりも 30 億クローネ落ちた。そのうえ、レゴランドの観光客も減っていた。子どもたちもその家族も、レゴに飽きてしまったかのように思えた。10 年もしないうちに、レゴはおもちゃ業界の国際的なリーダーから、**破産**へと向かう会社になってしまった。多くの人たちが、レゴはもう終わりだと思った。

破産：人または会社が全財産を失うこと。

ビジネスの基本

売り上げと利益のちがいって何だろう？

売り上げ──収益とも呼ぶ。商品やサービスを売ることで得られるすべてのお金。

経費──費用または支出とも呼ぶ。ビジネスや会社を運営するのに必要なお金のこと。そこには、商品の製造に使用された材料の価格、労働賃金およびその他の給与、ならびに家賃や広告料の支出など、商品の製造過程で発生した直接の費用が含まれる。

損益分岐点──売り上げ−経費＝０　つまり、総売り上げが総経費に一致する点のこと。

利益──売り上げ−経費＞０　つまり、総売り上げから総経費を引いて、０より大きくなった金額のこと。

レモネードの屋台を例に取ってみよう。レモネードを販売する前に、カップ（３ドル）と粉末レモネード（２ドル）を買う必要がある。水の入ったピッチャーはお母さんに借りる（０ドル）こととする。**経費**は５ドルだ。レモネード１杯を50セント（１ドルの半分）で売ろうと決めた。

粉末レモネード

　レモネードを10杯売ったら（10 × 50 セント）、**売り上げ**は５ドルになる。しかし、それでは**経費**と同額だ。つまり、レモネードを10杯売って、**損益分岐点**になるということだ。11杯目のレモネードが売れると、５ドル50セントになって、**利益**が50セント出る。もっと利益が出るように売りつづけよう！

8 レゴの基礎を建て直す

　レゴには問題があって、ケルもそれをわかっていた。ビジネスを方向転換するためには、何か思い切ったことをする必要があった。2004年、ケルは、ヨアン・ヴィー・クヌッドストープという男をCEOに指名した。クリスチャンセン一族以外の人物が、初めてレゴグループを率いることになったのだ。

　ヨアンがその役職につくと、いくつかの変化が起こった。ヨアンは、人気がなかったり、レゴの「遊びのシステム」と合わなかったりする部門を、処分したり、売却

「子どもたちは、わたしたちにとってすべてだ。子どもたちとその発達が」
——ケル・キアク・クリスチャンセン

レゴ

レゴランド

売り出し中

　したりした。さらに、コンピュータゲームとビデオゲーム部門を売却し、衣料品とウォッチビジネスも売却した。ヨアンはまた、レゴランドも売却した。運営費が高すぎて、損失を出していたからだ。ヨアンは、今後はレゴの作る製品のひとつひとつが、「遊びのシステム」の範囲内にあり、互換性があるべきだといいつづけた。オーレとゴットゥフレドが当初から意図してきたように。

　次に、ヨアンは経費の削減に目を向け、製造費のかかる特別なピースを除外した。彼はさらに、会社が製造するブロックの総数を半分に減らした。それはつまり、レゴのデザイナーは、1万2,000の部品ではなく、6,000

ト・ク・ダ・ネ！

月まで届くレゴの柱を作るには、約400億個のブロックがいるんだって。

の部品で、新しいセットを作ることになるということだ。これらの変化はすぐに効果を表し、会社はもうかるようになった。

ファンを取りもどす

　ヨアンは、他にも大きな問題があることに気づいていた。会社はもともとのファンとのつながりを失っていたのである。レゴに対して忠誠心のないデザイナーたちを1990年代に雇ったことで、ブランドを背後から支える魅力や歴史はほとんど消えてしまっていた。

　ヨアンは、もしレゴのファンを新しい製品のデザイナーに雇ったら、会社は他のファンがほしがるセットを作ることができ、ブランドが活気を取りもどすだろうと

レゴ

エイフォール

考えた。レゴグループは、第1回デザイナー採用ワーク
ショップを開き、レゴを愛してやまない11人を雇った。
これらの自称AFOL（Adult Fan of LEGO：大人のレゴ
ファン）たちは、レゴセットで遊んで育ち、レゴの背景
にある歴史も、何が「遊びのシステム」を機能させるの
かも熟知していた。そして、特に重要なのは、これらの
AFOLデザイナーたちが、多くの新しい、創造的なアイ
デアを持つ優秀な作り手だったことだ。

　数年のうちに、ヨアンの起こした変化は、レゴをその
根っこに立ち返らせた。会社は再び、成功をおさめた
「遊びのシステム」に焦点を置くようになったのである。

スター・ウォーズ、ハリー・ポッター、ニンジャゴー、レゴ フレンズなどの新しいテーマセットが発売され、世界中のファンを喜ばせた。レゴグループはまた、ディズニーと提携(ていけい)して、プリンセスから

お城(しろ)まで、ディズニーをテーマとしたセットを作った。こうして会社の売り上げは、再び(ふたた)プラス成長をとげた。

ト・ク・ダ・ネ！

レゴ フレンズのセットに入っているフィギュアは、ミニドールと呼(よ)ばれて、ミニフィギュアとはちがうんだって。もっとリアルなスタイルをしているからだそうだよ。

9 すべてがすばらしい

　2004年〜2014年、ヨアンのリーダーシップのもと、売り上げは4倍以上伸びた。レゴグループは、世界最大のおもちゃ会社のひとつになり、ファンは再びこのブランドが好きになり、自分たちだけのレゴの世界を作り上げた。大会やクラブ、競技会では、ファンがいっしょに組み立てたり作ったりするものに制限はなかった。人々は世界中で、レゴのボートレース、レゴのダービーカーレース、組み立て競争などを行い、ときには目隠しして作ることもあった！　学校はレゴロボットクラブを作り、

「オモチャじゃない。洗練された結合式ブロックだ」

──レゴ® ムービー

図書館はレゴの組み立て活動を後援し、AFOL（エイフォール）は、ブリックワールドやブリックフェストといった独自（どくじ）の大会を作った。

　人々はレゴブロックでいろいろ作ることに夢中（むちゅう）になった。ルーマニアの男性（だんせい）は、実際（じっさい）に運転できるレゴ自動車

ト・ク・ダ・ネ！

これまでに作られた最も大きなレゴの模型（もけい）は、スター・ウォーズの戦闘機（せんとうき）で、作るのに1万7,000時間かかったんだって。機体は全長45フィート（約14メートル）、全幅（ぜんぷく）44フィート（約13メートル）もあったんだよ。

を初めて組み立てた。グーグルの創設者のひとり、ラリー・ペイジは、大学院生のときにレゴブロックで、実際に使えるプリンタを作った。イギリスの男性は、300万個以上のレゴブロックを使って、本物の家を建てた。そこにはレゴの家庭用品、実際に使えるレゴのトイレ、そして（寝心地のとても悪い）レゴのベッドもあった！

映画を作る

　そして、2014年、レゴグループは、会社を決定的に変えるようなあることをやってのけた。初の長編映画、『レゴ®ムービー』を公開したのだ。YouTubeで人気となったストップモー

ションのブロックの映像に刺激を受け、
『レゴ®ムービー』は制作に8年以上か
けて、本物のレゴブロックをアニメー
ションと組み合わせた。実際、映画の中
のすべてのものは、本物のレゴブロック
か、アニメーションで本物そっくりに作
られたものだった。石鹸からレーザー、

溶岩にいたるまで、合計386万3,484
個のレゴブロックが使われた。

　『レゴ®ムービー』には、エメット
という名のミニフィギュアが登場する。

ト・ク・ダ・ネ！

最初のレゴストアは、1992年にミネソタ州ブルー
ミントンの「モール・オブ・アメリカ」にオープン
したよ。もともとはレゴ・イマジネーション・セン
ターと呼ばれ、大きなレゴ作品を展示したり、子ど
もたちがレゴブロックを組み立てて遊べるエリアが
あったり、ブロックのセットを販売したりしていた
んだって。

彼はまちがって物語の選ばれし者になってしまい、「伝説のヒーロー」と呼ばれる。映画には、バットマン、ダンブルドア、さらにはエイブラハム・リンカーン大統領などの有名なキャラクターが登場する。リンカーンは、ミニフィギュアになった史上初の大統領だ。『レゴ®ムービー』は、老若男女のファンに笑いと喜びをもたらし、映画評論家から絶賛され、世界中でレゴブームを新たに引き起こした。映画はまた売り上げにも貢献した。映画公開の後、レゴグループの売り上げは15パーセント上昇した。そして2015年、レゴは「マテル」を抜いて、全世界でナンバーワンのおもちゃ会社になった。

10 ブロックの向こうに

　これまで、レゴはただのおもちゃではないことを証明してきた。レゴは、発明、自己表現、問題解決、コミュニケーションの道具でもあった。どこの小学校の教室に入っても、レゴブロックがある。先生は、楽しい遊びとしてだけではなく、想像力を刺激し、問題を解決し、数を数え、協力して作業する方法を教えるために、子どもたちにレゴを与える。アーティストは、レゴを使って創作、造形、自己表現をしている。医者は、自閉症の子どもたちが他者とコミュニケーションするのに、レゴブ

「レゴ アーキテクチャーの可能性はほとんど無限だ」
──建築家、レゴ アーキテクチャー監修者のアダム・リード・タッカー

ロックが役立つことを発見した。NASAの科学者やエンジニアでさえ、設計段階の一部として、レゴブロックを使って、宇宙船や宇宙機器を組み立てる。そしてときには、レゴの作品が、ビジネスにつながることもある……。

ブロックの起業家

アダム・リード・タッカーという建築家は、10年以

上、豪華な家や印象的なビルを設計してきた。そのあいだ、彼は建築の世界が、デジタル化されていくことに気づいた。手作り模型と手描きの図面は、コンピュータモデルとデジタル図面に取ってかわった。

　2006年、アダムは実体のある模型を作りたいと思った。彼は特に大都市にある有名な建築物に影響を受けていた。取りかかる前に、アダムは作業をするための材料が必要だった。使い方が簡単で、強く、耐久性があり、切ったり、貼ったり、色をつけたりする必要がないもの

アダム・リード・タッカーは、長さが60フィート（約18メートル）のゴールデンゲート・ブリッジ、国際宇宙ステーション、ローマのコロッセオを含む、13のランドマークの巨大なレプリカをレゴブロックで作ったんだって。これらは、シカゴ科学産業博物館の特別展示で紹介されたんだよ。

がいい。そうしてひらめいたのが、レゴブロックだった！

　そのころは、レゴブロックを使って建築物の模型を作るなんて、聞いたこともなかった。まだ主に子どものおもちゃと見なされていたのである。しかし、アダムには他のアイデアがあった。レオナルド・ダ・ヴィンチの芸術、ウォルト・ディズニーの想像力、そしてウィリー・ウォンカ（ロアルド・ダール作『チョコレート工場の秘密』に登場する工場のオーナー）の創造性に影響を受け、地元の「トイザらス」にかけこんで、店内にあるレゴセットをすべて買い占め、最終的には11個のショッピングカートがいっぱいになった。アダムは昼夜を問わず組み立てて、最初の建造物を作った。すべてレゴブロックで作った、シカゴのシアーズ・タワー（現在のウィリス・タワー）の巨大な模型である。

　新しい作品を展示したブリックフェストで、彼はレゴグループの役員、パール・スミス・マイヤーに出会う。パールは感激し、あることを考えた。もしアダムがこの模型を、小さな箱におさまるほど縮小できたら、レゴグループはそれを売ることができると。

アダムは家に帰って作業に取りかかった。何週間もかけて、ニューヨークのエンパイア・ステート・ビル、シアトルのスペースニードル、シカゴのジョン・ハンコック・センターを含む、新たな小型の模型をいくつか作った。レゴグループはこのミニ模型にわくわくし、まもなく新しいシリーズのレゴ アーキテクチャーを発売する。

　歴史的建築物の小さなレプリカは飛ぶように売れた。レゴ アーキテクチャーの売り上げは、初年度から2年目にかけて900パーセントも伸びた。理由はふたつ。ひとつ目は、レゴ アーキテクチャーが今までとはちがう客層を引きつけたからだ。これらのユニークなセットを買ったのはほとんどが大人で、レゴブロックの創造的で新たな使い方に興味を持った人たちだった。ふたつ目は、レゴ アーキテクチャーが、会社にとって新たな流通経路を開いたからだ。レゴ アーキテクチャーは、今

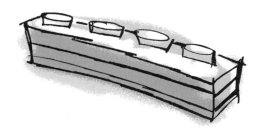

までレゴセットを扱ったことがないような場所、例えば
ギフトショップ、美術館、バーンズ＆ノーブルといった
大型書店などで販売された。

美術館

ショップ

レゴ

今では、建築ファンは、イギリスのロンドンにある
バッキンガム宮殿や、フランスのパリにあるエッフェル
塔から、米国のワシントンD.C.にあるホワイトハウス
まで、ほとんど何でも組み立てられるようになった。
「古代から現代にいたるまで、わたしたちのまわりには、
非常に多くのランドマークとなる建造物がある」とアダ
ムはいう。「建築は、人種、宗教、年齢を超え、境界線
がまったくない。だからレゴ アーキテクチャーの可能
性はほとんど無限なんだ」。

ト・ク・ダ・ネ！

2015年、ガールスカウトの一隊が、レゴ
ブロックで、電動ページめくり機を作った
よ。これがホワイトハウス科学フェアで優
勝し、彼女たちはバラク・オバマ大統領に
会えたんだって。

11 より良い世界を築いて

　レゴは、単なるおもちゃが、ここまで広がりを持ったという物語だ。オーレは、1932年に最初の木のおもちゃを作った。時代の流れとともに、レゴグループは、プラスチックへと拡張し、スタッドとチューブで「つかみの力」を発明し、ミニフィギュアを発表。その「遊びのシステム」からすべて作り上げた映画を制作し、賞を獲得するまでになった。レゴはまた、世界的に人気のおもちゃというだけではない。子ども、大人、教師、科学者、アーティスト、医者、建築家が日々使う道具でもあ

「遊びを通して学ぶことで、子どもたちが創造力を養い、興味を持ち、生涯を通じた学習者になるような未来を築きたいと思っている」　——レゴ財団

る。レゴを使った学びの可能性は無限だからだ。そして設立されたのがレゴ財団だ。

財団：一般に、慈善活動や慈善団体を支援するために資金や資源を寄付する団体。

レゴ財団

　レゴ財団はもともと、「すべての子どもたちには遊ぶ権利がある」という信念のもと、1986年に設立された。当初、レゴ財団は、恵まれない子どもたちに製品を寄付することを中心に活動していた。現在は、その目標を大きくして、世界中のできるだけ多くの子どもたちに手を差しのべ、遊びを通して彼らの生活をより良くしようとしている。その使命は、「遊びを通して学ぶことで、子どもたちが創造力を養い、興味を持ち、生涯を通じた学習者になるような未来を築く」ことである。レゴ財団は、3つのプログラムを設置した。ひとつ目は、幼児期の遊びの利点について、保護者や教師を教育すること。ふたつ目は、遊びと質の高い教育を結びつけること。3つ目は、遊びを通じた学びを基盤とした世界のコミュニ

ト・ク・ダ・ネ！

きみが新しいレゴセットを作ってもいいんだよ。
きみの作品をレゴのウェブサイトにアップロード
して、１万人の支持を得られたら、レゴ委員会が
きみの設計を検討するんだ。毎年、委員会はその
中から新しいセットを選んで、世界に向けて発売
するんだって。製作者は利益の一部をもらえる
よ！ がんばって！

ティー作りに焦点を置くこと。レゴ財団は、各事例に対して、時間とお金をかけ、レゴ製品を寄付し、遊びを創造的で魅力的な生涯学習スキルに結びつける研究を発表している。

現在のレゴ

　レゴは、史上最も偉大な起業家のサクセスストーリーのひとつだ。そして、品質、勤勉、「遊びのシステム」の原則に基づいて築き上げられたものだ。

　それはすべて、たび重なる災難を乗り越え、子どもたちのためにハイクオリティーなおもちゃを作りたいという情熱に従った、オーレ・キアク・クリスチャンセンというひとりのひたむきな大工からはじまった。家族や従業員、顧客に対する彼の責任感と忠誠心は、世界をより良く変えるための会社の価値観と原則を作り上げた。

　その後、オーレと息子のゴットゥフレドは、遊びのシステムと、画期的な結合式のブロックのデザインを生み出し、会社は国際的に成長する力を得た。オーレの孫のケルの主導のもと、レゴはミニフィギュアを導入し、レゴの黄金期として知られる成長期に入った。しかし、役

レゴグループは、より環境にやさしい方法でブロックを作ろうと、油性の材料にかわるものを研究しつづけているよ。

員らが会社を、その中心である「遊びのシステム」から離そうとしたとき、レゴはつまずき、倒産しそうになった。

　2004年、レゴグループで初めて一族以外の人間がトップになり、製品ラインを見直し、『レゴ®ムービー』を公開し、「遊びを通して学びを支援する」という使命の拡大によって、会社を新たな成長期へと導いた。それ以来、新しいCEOが引き継ぎ、会社はさらに3本のヒット映画を公開する。『レゴ®バットマン ザ・ムービー』、『レゴ®ニンジャゴー ザ・ムービー』、『レゴ®ムービー2』。ファンは喜んだ。

今やレゴグループは、世界最大のおもちゃ会社だ。新しいレゴのセットが1秒に7つ売れ、レゴの工場は1分間に3万6,000個の部品を製造し、子どもも大人もレゴのミニフィギュア、テーマセット、ブロックで、1年に50億時間も遊ぶ。これはものすごく長い時間だ。そして、ものすごい数のレゴだ！

ト・ク・ダ・ネ！

オーレ・キアク・クリスチャンセンは、レゴグループが今も一族によって所有されていると知ったらうれしいだろうね。ケルと3人の子どもたち、ソフィー、トマス、アウニーテが、今は会社を所有しているよ。

「子どもたちがレゴブロックで楽しそうに遊ぶ姿(すがた)を
見ることは喜びだ。わたしたちの仕事にほんとうの
意味を与(あた)えてくれる。そう、次の世代が世界を形作る
ためのスキルを、わたしたちは育んでいるのだ」
──ニールス・B(ビー)・クリスチャンセン（レゴグループCEO(ジーイーオー)）

レゴの歴史

1891 年　オーレ・キアク・クリスチャンセン、4 月 7 日にデンマークに生まれる。

1905 年　オーレ、大工の見習いをはじめる。

1916 年　オーレ、デンマークのビルン木工所と材木置き場を買う。

1924 年　最初の火事で、オーレの木工所と自宅が全焼。

1930 年　世界大恐慌におそわれ、売り上げが減少。オーレは全従業員を解雇せざるをえなかった。

1932 年　オーレの妻、キアスティーネが亡くなる。オーレは 4 人の息子をひとりで育てる中で、木のおもちゃを作ることを思いつく。

1934 年　オーレ、自分のおもちゃ会社をレゴと名づける。この言葉は、デンマーク語の「よく遊べ」という意味の "leg godt" をつなげたもの。

1942 年　3 月 20 日、2 度目の火事でレゴの作業場が焼ける。

1947 年　オーレ、プラスチックの射出成形機を購入。レゴはプラスチックの動物とガラガラの製造販売をはじめる。

1949 年　レゴ、「自動結合ブロック」を発売。

1951 年　オーレ、心臓発作を起こす。ゴットゥフレド・クリス
　　　　　チャンセンが、レゴでのリーダーシップをより発揮する
　　　　　ようになる。

1953 年　レゴの名前が、レゴブロックのスタッドひとつひとつに
　　　　　初めて入れられる。

1954 年　ゴットゥフレド、レゴブロックは、普遍的な「遊びのシ
　　　　　ステム」の一部であるべきだと考える。

1958 年　ゴットゥフレド、レゴブロックを「スタッドとチュー
　　　　　ブ」の形にデザインし直し、つかみの力でブロックを連
　　　　　結しやすくする。オーレ、心臓発作で3月11日に亡く
　　　　　なる。ゴットゥフレドがレゴの新しい社長となる。

1960 年　3度目の火事で、レゴの木のおもちゃを作っている工場
　　　　　が焼ける。ゴットゥフレド、木製のおもちゃをすべて製
　　　　　造中止にすることに決める。

1962 年　レゴ、レゴタイヤを発明する。レゴの販売が、米国とカ
　　　　　ナダでもはじまる。

1964 年　ビルン空港が正式に開港。文字を使わない組み立て説明
　　　　　書が、レゴセットの中に入る。

1968 年　6月7日、デンマークのビルンに最初のレゴランドが
　　　　　オープン。

1969 年　レゴデュプロが発売される。

1974 年　最初のフィギュアが発売されたが、かなり大きく、セッ
　　　　　トの家にそぐわなかった。

1978 ～ 93 年　レゴの黄金期。収益は、1978 年の約 10 億クロー

ネから 1993 年には約 70 億クローネにふくらむ。

1978 年　にっこりした表情と動く手足を持つ、最初のミニフィギュアが発売される。

1979 年　ケル・キアク・クリスチャンセン、レゴグループのCEOを引き継ぐ。

1995 年　7 月 13 日、ゴットゥフレド死去。

1998 年　レゴ、「遊びのシステム」への焦点を見失い、初めて損失を計上。

2003 年　レゴ、1 年に 14 億クローネ以上の損失を出し、会社にとって最悪の年となる。レゴグループは破産寸前の状態におちいる。

2004 年　ヨアン・ヴィー・クヌッドストープが、レゴグループのCEOとなる。

2005 年　ヨアン、レゴランド、ビデオゲーム、衣料品、ウォッチを売却。レゴの伝統的な「遊びのシステム」に焦点をもどす。

2009 年　レゴグループ、ディズニーと提携。

2012 年　レゴ フレンズの発売。

2014 年　『レゴ®ムービー』を公開。

2015 年　レゴグループ、世界最大のおもちゃ会社となる。

2017 年　レゴグループの売り上げは 350 億クローネに達し、利益は 104 億クローネに。レゴのおもちゃは、140 か国以上で販売され、会社は 80 の異なる国籍の約 1 万7,500 人の従業員を雇用している。

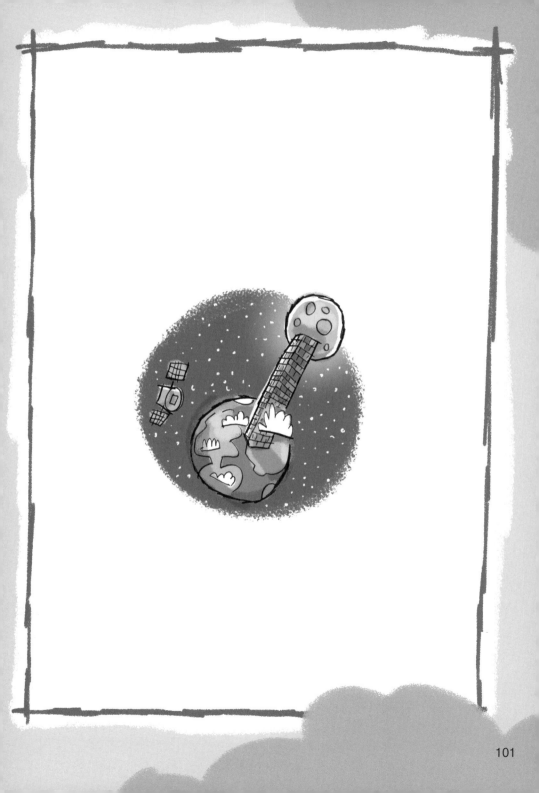

レゴブロックは
どんなふうに作られるの？

　レゴの物語は、実に感動的だ。それと同じくらい感動的なのは、レゴが、あれほどまでにたがいにぴったりと連結するユニークなプラスチックブロックを作ったということだ。レゴはどうやってブロックを作っているのだろう……。

　すべては、アクリロニトリルブタジエンスチレン（ABS樹脂）でできたプラスチック粒からはじまる。いろいろな色の粒を積んだトラックが、レゴの工場に到着すると、大きなホースがそれを吸い上げて、巨大なサイロに保管する。

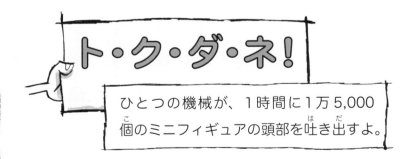

ト・ク・ダ・ネ！

ひとつの機械が、1時間に1万5,000個のミニフィギュアの頭部を吐き出すよ。

成形：必要に応じて、粒はチューブやパイプを通って、射出成形機に運ばれる。そこで、粒は 232℃に加熱され、溶けてどろどろになる。その熱いどろどろしたものを金属の型に流しこむ。ちょうど氷を作るのに、水を製氷皿に入れる感じだ。次に、機械は 25 ～ 150 トンもの圧力をかける。新しく形作られたレゴブロックは冷却され、型から吐き出され、ベルトコンベアに乗って、正しい容器に落ちていく。この加熱→成形→冷却→吐出のプロセスは、なんと 10 秒かからない！

印刷：でき立てのレゴの部品で容器がいっぱいになると、ロボットがそれを組み立て工場へと運ぶ。ここで、パチンとはめこむ必要のある、ミニフィギュアの足と腰などの複雑なピースを、機械が組み立てる。ここは印刷を行う場所でもあり、ミニフィギュアはユニークな表情と服のデザインを印刷してもらう。

箱づめ：最終段階では、正しいピースがすべて小さなビニール袋に入れられ、適切なセットに落とされ箱づめされる。これを実現するためには、容器が自動で開閉して、正確な数量と種類のブロックをそれぞれの袋に落とさなければならない。箱づめの作業員は、箱を折り、説明書を入れ、箱の中に正しい袋が入っているか確認する。最後に、箱は封をされ、出荷されて、世界中のおもちゃ屋さんやレゴストアを経て、きみのような子どものところに届けられる！

出典

1　オーレ・キアク・クリスチャンセン

10　*"Life is a gift"*: Hoque, "How LEGO Survived Against All Odds."

2　建設開始

19　*"Not until the day"*: Lipkowitz, *The LEGO Book*, p. 10.

3　ひとつずつ積み上げて

29　sales doubled: "The Beginning of the LEGO Group," www.lego.com/en-us/lego-history/the-beginning-of-the-lego-group-a148d3b09fb045c5a52ea65f9257f085, accessed January 29, 2018.

4　気のきいたアイデア

36　*"Our idea has been to create a toy"*: Robertson, *Brick by Brick*, p. 23.

37　*could be sold all year long*: "The LEGO Story." www.youtube.com/watch?v=NdDU_BBJW9Y&t=542s, accessed January 29, 2018.

39　*They also molded the name LEGO*: Hugo, *Absolutely Everything You Need to Know*, p. 10.

43　*In 2005, a Danish mathematician*: "The LEGO System," www.brickfetish.com/timeline/1958.html, accessed January 29, 2018.

5　プラスチックのブロック道をたどって

48　*"You can go on and on"*: Robertson, *Brick by Brick*, p. 22.

52   *more than 730 million LEGO tires*: Hugo, *Absolutely Everything You Need to Know*, p. 40.

53   *drive their cars over to the field*: Hagar, *Awesome Minds*, p. 40.

6   レゴの黄金期

57   *"Golden Age of LEGO"—when revenues grew*: Robertson, "Building Success."

      "Children are our role models": Robertson, *Brick by Brick*, p. 28.

9   すべてがすばらしい

80   *a total of 3,863,484 LEGO pieces were used*: Tsai, "Here's How the Animators Made *The LEGO Movie*."

10   ブロックの向こうに

82   *"The possibilities for LEGO Architecture"*: Robertson, *Brick by Brick*, p. 211.

89   *"There are so many landmark structures"*: Ibid.

      In 2015, a Girl Scout troop built: Friedman, "Girl Scouts Impress Obama."

参考文献

Anstruther, Jen, Jonathan Green, Kate Lloyd, and Simon Guerrier. *I Love That Minifigure*. New York: DK Publishing, 2015.

Farshtey, Gregory, and Lipkowitz, Daniel. *LEGO Minifigure Year by Year: A Visual History*. New York: DK Publishing, 2013.

Friedman, Dan. "Girl Scouts Impress Obama with LEGO Device Meant to Help Paralyzed, Arthritic Patients Read Books." *Daily News*, March 23, 2015.

Hagar, Erin. *Awesome Minds: The Inventors of LEGO Toys*. New York: Duo Press, 2016.

Hoque, Faisal. "How LEGO Survived Against All Odds—and You Can, Too." FastCompany.com, March 10, 2014. www.fastcompany.com/3027147/how-lego-survived-against-all-odds-and-you-can-too.

Hugo, Simon. *LEGO Absolutely Everything You Need to Know*. New York: DK Publishing, 2017.

Keller, Kevin Lane. *Strategic Brand Management*. Upper Saddle River, NJ: Pearson Education, 2003.

Lipkowitz, Daniel. *The LEGO Book*. New York: DK Publishing Special Markets, 2009.

Robertson, David C. *Brick by Brick*. New York: Crown Publishing, 2013.

———. "Building Success: How Thinking 'Inside the Brick' Saved LEGO."
Wired, October 9, 2013. www.wired.co.uk/article/building-success.

Tsai, Diane. "Here's How the Animators Made *The LEGO Movie: Watch*."
Time, February 20, 2014. entertainment.time.com/2014/02/20/
how-the-lego-movie-was-made-animation-video.

参考ウェブサイト

LEGO.com

https://www.legofoundation.com/en/

History of LEGO: Wikipedia.org/wiki/History_of_LEGO

How LEGO Bricks Work: entertainment.howstuffworks.com/LEGO.htm

The LEGO Story: www.youtube.com/watch?v=NdDU_BBJW9Y

ローウィ・バンディ・シコル

　子どものためのビジネス書、「はじまりはひとつのアイデアから」の著者。ローウィはまた、ビジネススクールや企業のためにケーススタディを調査し、文書作成する専門会社である、ケースマーケティングの創業者でもある。ローウィのケーススタディは、世界中のMBA（経営学修士）の学生が読んでいる。ローウィは、ハミルトン・カレッジ（ニューヨーク州）で文学士号を取得し、ダートマス大学（ニューハンプシャー州）のタックビジネススクールでMBAを取得。現在はイリノイ州で、夫アダム、3人の子ども、しっぽでどんなレゴの構造物もなぎ倒せる2匹の大きな犬と暮らしている。

　ホームページ：loweybundysichol.com（英語）

ト・ク・ダ・ネ！

もしローウィがミニフィギュアだったら、ポニーテールににっこり笑顔、片手にソフトボールのグローブをはめ、もう片方の手に『はじまりはひとつのアイデアから　④レゴ』を持っているだろうね。

ト・ク・ダ・ネ！

ローウィの子どもたちがまだ小さかったころ、20個のミニフィギュアのために、自分たちで開拓時代の酒場、美容院、バスなどのレゴセットを作っていたそうだよ。

ト・ク・ダ・ネ！

ローウィは、レゴ アーキテクチャーを考えた、アダム・リード・タッカーの家からそう遠くないところに住んでいる。さらに、ローウィの夫の名前はアダム、弟の名前はリード、息子の名前はタッカーなんだって。

永瀬比奈（ながせ ひな）
翻訳家。上智大学外国語学部英語学科卒業。航空会社勤務の後、渡米。帰国後、児童書の翻訳にとりくむ。
主な訳書に、『タイガー・ボーイ』『モンスーンの贈りもの』『リキシャ★ガール』（いずれも鈴木出版）、『もういちど家族になる日まで』（徳間書店）などがある。特許翻訳も手掛ける。紙芝居文化の会運営委員。

編集協力・DTP／株式会社オメガ・コミュニケーションズ
装丁／鳥井和昌

はじまりはひとつのアイデアから　④レゴ
2021 年 2 月 24 日　初版第 1 刷発行
2024 年 2 月 22 日　　　第 2 刷発行

著　者／ローウィ・バンディ・シコル
訳　者／永瀬比奈
発行者／西村保彦
発行所／鈴木出版株式会社
　〒 101-0051　東京都千代田区神田神保町 2-3-1 岩波書店アネックスビル 5F
　電話／03-6272-8001
　FAX ／ 03-6272-8016
　振替／ 00110-0-34090
　ホームページ　https://suzuki-syuppan.com/
印　刷／株式会社ウイル・コーポレーション
Japanese text © Hina Nagase, 2021 Printed in Japan
ISBN978-4-7902-3373-2 C8360 NDC600 ／ 111P ／ 21.6 × 15.4cm
乱丁・落丁本は送料小社負担でお取り替えいたします。